TRADUCTION LIBRE

EN LANGUE VULGAIRE

DE LA

LAMENTATION POLITIQUE DE M. R. F.

Autun. — Imprimerie Cocardon et Naissant.

TRADUCTION LIBRE

EN LANGUE VULGAIRE

DE LA

LAMENTATION POLITIQUE

DE M. R. F,

Par Maître Jacques.

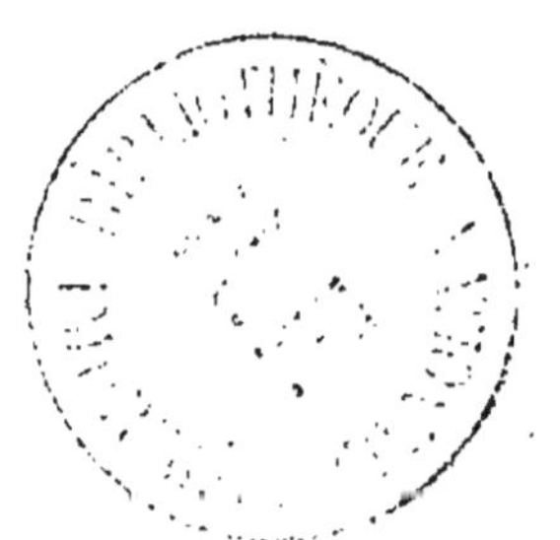

> Que reste-t-il à la République ?
> La *droite* ..... ce qu'on appelle la
> *réaction. La République est là, ou
> n'est nulle part.*
> (*National de Saône-et-Loire*, 5
> octobre 1848.)

AUTUN

IMPRIMERIE DE COCARDON ET NAISSANT, ÉDITEURS

PLACE DU CHAMP-DE-MARS, 5 BIS

—

1848

PROLOGUE

Un soir je feuilletais, attendant le sommeil, un innocent journal de mes voisins. A sa naissance, on l'avait baptisé d'un nom pris dans la plus fine fleur et la plus antique du terroir; au demeurant, bon garçon, guère plus Gaulois que vous ou moi, peut être moins. Mais un jour d'été, il disparut du guéridon de nuit des antiquaires ses par-

rains, qui, l'ayant restauré, repeint, pre-
naient plaisir à le faire mignon chaque
dimanche, et l'envoyaient rendre visite
aux savants de leurs amis. Depuis,
moi qui vous parle, et, je crois bien,
un ou deux autres encore, l'avons
rencontré promenant avec une jeunesse
du département : il avait posé son gothi-
que chaperon, pour coiffer un chapeau
neuf, du dernier goût ; ayant aussi jeté
sa saie éduenne aux orties, il s'en allait
cambrant sa petite taille dans un bel habit
noir-politique, brodé de palmes littérai-
res. Je l'entendis, et, les deux ou trois
autres qui l'ont pu voir l'affirmeraient au
besoin, qui causait, avec beaucoup d'as-
surance et de distinction, sur toute sorte

de sujets, et, de temps en temps, pour reposer la gente lavandière de la Saône, sa confidente, se plaisait à conter des historiettes impayables. Bref, je lui trouvais, après mue complète, un air et un style *sui généris* qui m'agréèrent fort; et je me promis de le revoir, à ces certains moments, vides et fades, comme vous en pouvez avoir eu ; à ces heures, vous savez, où l'esprit, l'esprit surtout ennuie.

Nous étions donc tête-à-tête, à l'heure que j'ai dit; lui, causant, babillant, et moi, les yeux mi-clos, le regardant filer dix nœuds à la minute. Tout-à-coup, enflant sa voix et composant son geste, il se mit à me flûter je ne sais quoi, comme un pot-pourri d'Ezéchiel et de

Jérémie, relevé par une pointe de Philippique et de Catilinaire.

Il me chantait, comme quoi Ledru-Rollin avait manipulé le suffrage universel, à l'instar de L. Blanc pétrissant le travail. Comme quoi l'Assemblée plâtrait des lois avec des inconséquences, et la constitution avec des obstacles. Comme quoi cette tant chère Assemblée comptait tant et tant de coteries peureuses et mesquines qui la menaient par le nez, et pas un homme éminent. Comme quoi les membres de ces coteries peureuses et mesquines gardaient, chacun dans sa poche, la clef de certaine porte étroite ouvrant sur ruelles à eux connues, et que ne voulant rendre la clef, ils méditaient de barrer les grands chemins. Comme quoi les vieux, vieux Républicains, étant complètement déteints, se trouvaient devenus un peu moins que l'ombre d'eux-mêmes. Comme quoi, enfin, il se voyait en France une Montagne qui est une locomotive.

Que vous dirais-je ! A ce dernier trait, je sentis éclater au-dedans de moi une contre-révolution ; de mes yeux tombèrent comme ces écailles dont parle l'Evangéliste, et, à cette lumière soudaine, j'entrevis une religion politique, neuve pour moi, et merveilleuse. Ainsi, l'ardent génie de Colomb découvrait jadis à l'Europe étonnée les riches et verdoyantes Amériques ! Mes erreurs croûlaient ensemble, et l'une sur l'autre, comme des pans de murs minés par en bas ; et je pleurais, à la fois, des pleurs de honte et de bonheur. Pour tout dire, en un mot, l'article que je venais d'entendre lire m'avait été comme le *tolle, lege* d'Augustin.

La nuit était avancée ; mais pour s'être fait désirer d'abord, Morphée dût attendre à son tour ; et je ne remis ma tête entre ses mains qu'après avoir fait vœu, par un serment solennel, d'exposer sur le boisseau, à l'adoration de mes malheureux corréligionnaires politiques, la miraculeuse petite lampe que le ciel avait tirée de dessous pour ma conversion.

J'ai accompli ce vœu en entreprenant la traduction que je livre aujourd'hui au public.

Je n'ai point jugé nécessaire de joindre à mon travail, soit en regard, soit à la suite, le texte sacré; et j'en fournis, je crois, deux raisons très passables. En premier lieu, c'eût été grossir de quelques feuillets ce petit volume, partant, et sur les remontrances que n'eût pas manqué de me faire l'éditeur, hausser son prix de vente, c'est-à-dire en priver ceux-là même pour qui il est plus particulièrement écrit. En second lieu, les érudits préfèrent de beaucoup goûter à un texte dans le texte même, prenant en pitié la plus belle traduction du monde;

et chacun sait qu'ils ont raison. Quant au commun des lecteurs, qui n'a souci des érudits et de leurs amourettes, il ne lui chaud guère plus que mon auteur ait écrit en chinois, ou en patois Basque, comme il se pourrait bien ; par *traducteur* il entend toujours *auteur*, et ne se croit payé qu'autant qu'on l'intéresse, et, pour sûr, cette respectable portion du public n'a pas tort. Donc, vaille que vaille, j'envoie ma traduction, sans matrone grecque ou romaine qui la chaperonne, seule comme une fille de village, chercher qui l'écoute.

Encore un mot aux âmes scrupuleuses : J'ai pris dans mon travail toutes les libertés que comporte ce genre à libre allure, sans sacrifier pourtant, au moins que je sache, le sens intime de l'auteur.

Semblable à l'introducteur des ambassadeurs, qui, ayant annoncé quelque Excellence étrangère, s'en retourne à reculons, courbé en cerceau; mon rôle fini par ce trop long prologue, je m'efface et laisse passer le non moins vénérable que lamentable M. R. F.

Non, non, mille fois non ! comme disait l'*homme-ouragan* de 90 ; et, loué soit le ciel, qui me donne occasion de sanctifier ces rugissantes et trop célèbres paroles ; *non, non, mille fois non !* depuis feu Jérémie, jamais plus touchante lamentation ne tombât de lèvres mortelles, si à point, sur notre pauvre boule. Que vous avez raison cent fois, et encore plus, Monsieur R. F., de nous crier comme ça, avec les pièces de cent sous : *Dieu protége la France !* et que votre caractère sublunaire ne vous autorise-t-il à redire aussi : *O tempora, ô mores !* et tant et tant d'interjections magnifiques, consacrées par les peuples de l'antiquité. Mais, des païens !.....

Les jours de Ninive sont revenus, Monsieur R. F., et ne seriez-vous pas, — pardon, de vous à moi, si j'ose porter une main que l'humaine curiosité dévore, sur ce voile mystérieux dont vous couvrez, sans doute, une auguste mission ; — ne seriez-vous pas, de fortune, quelque Jonas nouveau échappé du ventre d'une autre baleine ? Car, vous l'avez dit, ô prophète R. F.! *nous sommes des impuissants qui jouons à la bascule entre le salut et l'abîme.*

L'*abîme*, vous seul le connaissez, pour l'avoir sondé avec cette longue-vue qu'on vous prêta là-haut, en vous mettant en voyage. Et le *salut*, je le sais, moi, et le veux dire, afin qu'au jour des boucs et des brebis, nul ne prétexte d'ignorance ; le *sa-*

lut, c'est vous et ce qui procède de vous, ô R. F. ! messager de repentir et de réhabilitation.

Venez, venez sur les dalles de nos places , sur l'asphalte de nos trottoirs ; et, si vous m'en croyez, prenez avec vous un fifre et deux tambours, car l'oreille de ces hommes ne s'ouvre à d'autres bruits. Venez, cependant que je ferai place autour, prêcher le sac et la cendre, et un vrai jeûne de quarante bons jours, à ces vilains qui vivent comme en noces , depuis tantôt dix mois. Montrez aussi, au moins pour l'exemple, quelque solide bout de corde à la mesure du cou de ces ante-christ, qui nous traînent aux ténèbres profondes , immensurables', mortelles de la chambre unique, à la sentine du vote cantonnal.

Crions, crions sur les toits , encore qu'ils ne soient en terrasse , et jusque de la cîme de ces arbres qu'ils appellent de *liberté.* Crions, vous ô R. F. l'envoyé marqué du sceau, et moi votre

2

disciple indigne, maître Jacques, pour vous servir. Crions dans tout le grand *royaume de France*, vous ne dites ainsi, de vrai ; mais allez, et n'ayez souci, c'est affaire à votre serviteur de poser les points sur les grands *I* que vous tracez en courant. Crions dans les départements, crions dans les arrondissements, crions dans les cantons, crions dans les communes, crions aussi dans les *groupes de communes*, ces saintes circonscriptions électorales, œuvre du bienheureux B.... avortée par la malice du concile rieur que vous savez. Crions en basse et en ténor, de l'*ut* au *si,* de toute la membrane de nos tambours, et du souffle à la centième puissance de notre fifre : *la gr...ande la-men-ta-ti-on sur le 1er royaume chrétien, avec permis...* que dis-je ? Maire et gendarmes, fondant en pleurs nous suivront.

Allons ! allons ! crions de jour, crions de nuit, sans nous arrêter plus que pour prendre souffle et crier encore ; et si ceux qui ont des oreilles pour entendre, d'aventure n'entendent, qu'ils aillent... pardon, ô grand R. F.! arrière vous, morale terrestre, expédients humains ; maître, je verserai, comme veut le rituel, l'eau sur vos chastes mains, et nous secourons ensemble sur ces damnés, en tirant à nous la porte, la poudre de nos bottes de voyage.

Oyez, pécheurs, ce qu'a dit le bon Dieu à son missionnaire R. F. Non plus le *bon Dieu* de Béranger ; c'était du bon temps, qu'il venait en bonnet de matin, lorgner d'entre les pampres de sa fenêtre quelque coin de notre parterre. Les siens y gouvernaient, à poils ou sans poils, et claquaient aux bons endroits. Que, de hasard, un sifflet sifflât, il ne fesait qu'en rire sur l'air : *Tout le long de la rivière.* Courez vous y frotter à cette heure : mais gare aux *carreaux,* il en reste en ses caissons.

Sans parler du grand tapage que vous fîtes en

l'an II, en l'an III et les ans suivants ; noirceurs ex-
piées par la belle procession des Cosaques , ses
amis intimes, et par cette station, aussi pieuse que
longue, qu'ils firent deça le Rhin, pèlerins dévots
réduits à vos aumônes. Sans parler de la *Croix de
Migné* et des autres, des jambes raffermies et des
reins redressés ; œuvres touchantes pour aller au
cœur des plus durs..... Dites , badauds impéni-
tents, qu'avez-vous fait en 1830 ? Mettre les oints
à la porte, et rebriser la Sainte-Ampoule !....

      Rien que la mort serait capable
      D'expier un tel forfait !

Mais non, dit le bon Dieu, j'aviserai. Il venait de
voir, en effet, un monsieur tout miel et tout sucre,
quelque peu cousin de l'autre, cheoir des bras de
ses amis sur *le trône à clous dorés.* Encore, pensa-
t-il, qu'il soit moins drôlement coiffé et plus ladre,
et se nomme d'un vilain nom *(barricade);* puisque
l'y voilà , qu'il y reste. Mais qu'il rabroue les

miens, et ne marche droit en leurs sentiers : nous verrons.

Cependant, il se comporta si bien, le digne homme, qu'il n'y parut rien de changé ; au contraire. Le bon Dieu pleurait d'aise.

Hélas ! hélas ! hélas ! à votre tour, pleurez ! vous Anglais que tant il aima, et vous, riverains du Don, objets un peu bourrus de ses humbles caresses, et vous, princes et principicules de tous pays, qui preniez ses filles et lui donniez vos garçons.

Pleurez ! ses Députés dévoués, ses Pairs incroyables. Et vous, fils infortunés de mon peuple, imposés pour votre plus grand profit, à 200 f. et au-dessus, pleurez ! Ceux qui répandaient mes grâces, en rubans, en pensions, en bureaux de tabac, sur les fils de mon peuple ; les forts, les tout, sont réduits à la condition d'*ex* ; pleurez ! les voilà, disent-ils, disparus pour jamais.

Oh ! dit le bon Dieu, je ne m'appellerai plus

bon Dieu, mais *réaction,* pour ces incorrigibles.

Je cacherai leur or et leur argent, afin qu'ils languissent dans l'abondance de toutes choses.

J'enverrai contre eux mon cousin d'Autriche (1), mon cousin de Prusse, voire aussi, mon grand cousin de toutes les Russies.

Moi-même j'armerai, je lancerai contre leurs frontières et contre les murs de leurs villes, les fils et les filles de mon carquois; celui qui écartèle de trois feuilles de trèfle, et les parents de celui-ci, et d'autres que je sais, jusqu'au dernier, jusqu'à ta confusion, fille insoumise. Et je leur ferai pâture de toi, misérable petit coin de terre, que j'avais fait royaume, et qui prend des airs de République.

Je t'inoculerai la contre-révolution, pour jusqu'à la consommation des siècles.

(1) Pauvre cousin! ses affaires se brouillent, mais on y pourvoicra ; les *fronts huilés* sont frères et solidaires.

Euh! dit-il encore, l'infidèle a envahi ma demeure; la demeure des élus. Il a endoctriné les roturiers et tiré les prolétaires de l'humilité de leur misère. La multitude ouvre l'oreille à leurs discours; le grand nombre veut mettre son mot partout.

L'abomination de la désolation est entrée dans mon camp. Mais, j'enverrai mes anges au milieu d'eux, pour que Babel renaisse; je les enverrai dans l'assemblée de l'intrus. Déjà ils se sont assis sur ses banquettes; j'ai armé ma *droite;* elle apportera le trouble dans leurs conseils et les couvrira de son mépris. Ma *droite* jugera ces hommes dans Josaphat.

Je dépêche vers eux mon conseiller à l'œil louche. Il prendra leurs visages, leurs gestes et leurs discours pour les perdre plus sûrement. Il sèmera son grain sur les places, dans les journaux, jusque dans la vaine solennité de leurs délibérations ; et la *défiance* lèvera partout, moisson déjà mûre pour les vengeurs. Il créera entre ces maudits, pour les besoins de ma cause et de la cause des miens, des *rouges* et des *tricolores*, et armera les uns contre les autres, et je les confondrai tous au jour des représailles ; car, pour un peu de plus ou de moins, pas un qui ne sera trouvé de beaucoup trop léger dans mes balances. Déjà, je les ai comptés, recomptés et marqués de mon signe au front.

Oyez, oyez, Gaulois barricadeurs : jeunez, payez, et convertissez-vous pendant qu'il est encore temps.

Ainsi parla la Réaction à son prophète R. F., face à face. Même, il lui recommanda, en partant, une instruction et une prière composées dans son bureau de l'*esprit public*. Voici la copie exacte, revue et corrigée, de cet authentique original :

Approchez, demandez, il n'en coûte à chacun

que de tendre la main. — Roulez, tambours!

INSTRUCTION POUR MES FÉAUX SUJETS DE TOUTES NUANCES, DANS LES TEMPS DE RÉVOLUTION.

Jeûner soir et matin, et ce pendant quarante jours consécutifs. On ne s'en pourra racheter, qu'en versant, ès mains de mes receveurs spéciaux, bonne somme en espèces métalliques, et non autrement, pour être le produit affecté au *saint-œuvre*.

Tenir son esprit et son cœur soigneusement fermés à toutes suggestions du mauvais, comme *liberté*, *égalité*, et autres damnations.

N'envoyer les petits enfants qu'au catéchisme des Ignorantins, ou dans les écoles de notre *amé et féal* M....

N'écrire aucuns bulletins, et, généralement, ne faire, ne dire chose quelconque, que du triple assentiment du maître d'école. (en lui donnant cette haute marque de notre estime, nous avons compté le voir revenir à récipiscence), du curé et du propriétaire aisé, du plus aisé, s'entend.

Dans les grandes tentations , lire (ceux qui le savent faire) quelque morceau édifiant dans les journaux qui paraissent avec mon estampille ; les autres, chanter (air du *Chant du Départ*) :

La *religion* nous appelle ,

. . . . :

Un Français doit vivre pour elle.

Faire toutes œuvres pies , comme mensonges pieux, calomnies dévotes, etc., déclarant à l'avance, donner pour ce, indulgence plénière.

Enfin, réciter chaque soir, en commun , cette prière :

PRIÈRE.

Notre père, non des autres, gardez pour de meilleurs jours, et puissions-nous bientôt en entrevoir l'aurore, le pasteur que vous réservez à votre troupeau. Assistez de

vos lumières le maître|d'école, le curé, le gros proprié-
taire, afin qu'ils nous mènent à bien et ne bronchent en
chemin.

Bienheureux F...., parlez pour nous.

Bienheureux D...., gouvernez pour nous.

Bienheureux R...., récoltez pour nous.

Saint M...., du haut de la chaire de pestitence que vous
sanctifiez, laissez venir jusqu'à nous un regard de propi-
tiation, et nous jetez quelque mot de réconfort.

Vous tous, saints et bienheureux de cette *droite*
qu'exalte sur le psaltérion R. F. le prophète. *Te rogamus,
audi nos.*

Amen.

AVIS. — Nommer pour Président de leur chose abomi-
nable, R. F. le *précurseur,* celui qui doit *préparer la voie
....* et *rendre droits les sentiers.*

On trouvera des billets pour cette sainte croisade chez
tous les conseillers susdits.

N. B. — Les honnêtes gens, s'il s'en trouve, d'entre les

autorités, sont priés de donner la plus grande publicité aux *instruction* et *prière* ci-contre.

Signé : RÉACTION.

Plus bas : R. F.

Pour copie conforme : MAITRE JACQUES.

Les voilà donc ces eunuques de deux dynasties, déjà levant le masque que Février leur mît au visage ; ils se vengent de leur peur. Ils déchirent avec colère ces vieux titres des républicains, qu'hier ils voulaient à partage ; et pourtant, la République se fait petite, petite, toujours plus petite pour descendre à leur taille, et, pour eux, c'est encore un géant, la *révolution permanente*.

Vite, effacez du front des monuments, des bandes tricolores, des drapeaux, le dogme sublime des sociétés modernes ; mots de feu qui troublent leurs festins.

Qui parle de peuple et de République? La monarchie n'a qu'un maître ; que tarde-t-on à l'aller chercher?

Honte et malheur ! Où donc es-tu génie de nos pères, que ces Pharisiens osent crier à la France en croix , comme au Christ, leurs pères : « *Dieu te sauve !* » Qu'ils l'ensevelissent ; mais qu'ils sachent qu'après trois jours, brisant la pierre de son sépulcre, elle sortira vivante, soleil des nations qui ne doit plus mourir. Donc, patience encore un peu, peuple, illustre *fils de France*, et pacifiquement prépare, dans ta force invaincue , l'avénement prochain, car bientôt, fétides vapeurs, vous passerez ; et toi, République !

Astre éclatant de l'univers !

. . . .

Tandis que ces monstres barbares
Poussent d'insolentes clameurs ;
Vas et poursuivant ta carrière,
Verse des torrents de lumière
Sur tes obscurs blasphémateurs.

MAITRE JACQUES.

www.ingramcontent.com/pod-product-compliance
Lightning Source LLC
Chambersburg PA
CBHW051353050726
47595CB00006B/2537